AF477240

GUIDA ILLUSTRATA ALL'AUTODISCIPLINA

50 abitudini per una vita con più autocontrollo, successo e soddisfazione

Di Martin Meadows

SOMMARIO

PROLOGO

Questo non è un tipico libro di auto-aiuto.

Non è pensato per essere letto una volta e poi gettato in un angolo buio. Invece, è stato progettato per ispirarvi ogni giorno, per mostrarvi in modo divertente e vivido come coltivare l'autodisciplina attraverso importante abitudini che potete introdurre oggi stesso nella vostra vita.

Noterete che c'è un gatto o un cane in ogni illustrazione. Gli animali domestici sono fantastici, ma non è questo il motivo per cui li vedrete su ogni pagina. Sono lì per simboleggiare la vita di tutti i giorni.

Il gatto rappresenta il banale o difficile. Sta a simboleggiare gli ostacoli: persone che ridono dei vostri sforzi, non credono in voi o proiettano su di voi le loro convinzioni limitanti. Rappresenta anche le prosaiche preoccupazioni quotidiane (scusate, amanti dei gatti, ma un cane non sarebbe giusto per questo ruolo).

Il cane simboleggia l'eccitazione, l'ispirazione e l'energia. Sta a indicare quando tutto va bene, quando siete nel flusso, quando siete motivati, quando le persone condividono la vostra visione e vi sostengono.

Le nostre vite imperfette consistono nell'intreccio di momenti-gatto e di momenti-cane. Alti e bassi. Trionfi e insuccessi. Momenti memorabili e il solito tran tran. In tutto questo, dovrete dimostrare ogni giorno il vostro impegno verso l'autodisciplina, perché è così che potrete cambiare la vostra vita per attirare più successo e soddisfazione.

Prima di voltare pagina, un'ultima cosa... Riprommettetevi di provare almeno 10 abitudini di questo libro.

Se lavorate con un personal trainer, non è che ci chiacchierate e basta: fate gli esercizi e seguite le sue raccomandazioni dietetiche.

Trattate questo libro allo stesso modo. Scegliete un'abitudine e seguitela per alcune settimane. Se siete soddisfatti dei benefici che vi apporta, continuate a seguirla e sceglietene un'altra su cui lavorare.

ABITUDINE N. 1: N'ABITUDINE PER DOMARLE TUTTE. TRACCIARE LE ABITUDINI.

Le altre abitudini che presenterò in questo libro sono come un menu a buffet: scegliete quello che volete senza un ordine particolare. Questa abitudine, invece, è il prezzo di ammissione: dovete pagarla, se volete godervi le altre selezioni.

Create un sistema di tracciamento delle abitudini che spieghi cosa state per fare e con quale frequenza. Non limitatevi a tenerne traccia nella vostra testa: quando le abitudini non vengono scritte, non si avvertono come reali. Non potrò mai insistere abbastanza su questa cosa: avrete assolutamente bisogno di un sistema di tracciamento per aiutarvi a porre in atto nuove abitudini.

Il vostro sistema non deve essere complesso. Io uso un semplice foglio di calcolo e metto "x" ogni giorno in cui mi impegno in un'abitudine quotidiana e ogni settimana in cui mi impegno in un'abitudine settimanale. Potete usare un'app sul telefono o un buon diario vecchio stile. Qualunque cosa scegliate, usatela ogni giorno.

Definite la vostra abitudine in termini specifici e misurabili, ad esempio: "Corro per 30 minuti, tre volte alla settimana" o "Risparmio 50 euro a settimana".

TRACCIARE LE ABITUDINI
LUNED
MARTED
MERCOLED
GIORNO PROTEICO
CORSA 30 MIN
DOCCIA FREDD
DOCCIA FREDDA
GIOVED
VENERD
SABATO
GIORNO PROTEICO
GIORNO PROTEICO
CORSA 30 MIN
DOCCIA FREDDA

ABITUDINE N. 2: PREPARARSI.
SEGUIRE UN RITUALE MATTUTINO.

Un rituale mattutino è una routine in cui vi impegnate ogni mattina e che vi aiuta a iniziare la giornata con il piede giusto. *L'obiettivo è aumentare l'energia, ispirarsi e prepararsi per le attività che vi stanno davanti.*

Può comportare: un breve allenamento (flessioni, salti, squat, burpee - tutto ciò che migliora la circolazione sanguigna), esercizi di respirazione, pianificazione dei compiti principali, visualizzazione di un risultato favorevole delle attività di oggi, esprimere gratitudine e fare una revisione dei programmi a lungo termine.

Createlo come volete, ma assicuratevi che la vostra mente sia positiva, disciplinata e orientata al risultato.

ABITUDINE N. 3: MODERAZIONE VS ASTINENZA. IDENTIFICARE IL PROPRIO STILE DI AUTODISCIPLINA.

L'autore di bestseller Gretchen Rubin ipotizza che ci siano due tipi di persone: moderati e astenuti. I moderati hanno più successo con i loro propositi quando si concedono un premio occasionale. Gli astenuti, invece, preferiscono impegnarsi al 100%, senza fare eccezioni, poiché non sono in grado di far uso della moderazione.

Ad esempio, se volete perdere peso e sapete che anche una singola pallina di gelato vi fa divorare tutto il contenuto di ogni vaschetta che avete a portata di mano, dovreste seguire la strategia di un astenuto. Il gelato deve scomparire dalla dieta, senza eccezioni.

Se, tuttavia, impazzite se non avete un premio occasionale in gelato, e si tratta davvero solo di una pallina ogni due settimane, allora siete dei moderati. In questo caso, avete bisogno di premi per raggiungere il successo.

Quando vi formate delle nuove abitudini, identificate sempre quale approccio dovreste adottare e stabilite regole che vi aiutino ad attenervici. Come le abitudini di monitoraggio, questa è un'altra meta-abitudine che vi aiuterà a ottenere più successo nello stabilire nuove routine.

ABITUDINE N. 4: STARE CALMI, TRANQUILLI E CONCENTRATI. ACCOGLIERE GLI INCONVENIENTI.

Quando vi trovate in una situazione inopportuna, invece di sentirvi frustrati, dite: "Grande! Ora posso..." e guardate il lato positivo. *Rimanendo calmi, tranquilli e concentrati in una situazione scomoda, vi costruirete la capacità di rimanere disciplinati sotto pressione.*

Ad esempio, se state aspettando in coda, potete dire: "Grande! Ora posso esercitare la mia pazienza". Se piove e volevate andare a correre, potete dire: "Bene! Ora posso esercitare le mie capacità fisiche e la mia forza mentale".

Per fare ancora più pratica, esponetevi di proposito a piccoli inconvenienti. In questo modo, vi allenerete a gestire meglio simili situazioni involontarie in futuro. Ad esempio, siate in anticipo di 15 minuti per una riunione e fate finta che l'altra persona sia in ritardo. *Come potete controllare la vostra crescente impazienza? Qual è il lato positivo?*

ABITUDINE N. 5: NUTRIRE IL PROPRIO CORPO. MANGIARE UNA GRANDE PORZIONE DI VERDURE.

La salute è una delle cose più importanti nella vita. Tuttavia, poche persone seguono il principio nutrizionale più importante, quello che potrebbe migliorare notevolmente il loro benessere e, per estensione, le loro prestazioni, in tutti gli aspetti della vita.

Questo consiglio è: mangiare verdura ogni giorno. Le verdure sono piene di sostanze nutritive, hanno poche calorie rispetto agli alimenti trasformati e saziano di più. Stimolano il corpo, aiutano a mantenere un peso sano e riducono il rischio di disturbi di salute.

Mangiare mezzo chilo di verdura al giorno è un'abitudine importante e di vasta portata che migliorerà la vostra salute e influenzerà positivamente altri aspetti della vostra vita.

ABITUDINE N. 6: POTENZIARE LA MENTE. ESPRIMERE GRATITUDINE.

Potete valere miliardi ma essere miserabili, se vi manca un elemento cruciale: la gratitudine. Le persone che apprezzano ciò che hanno, non importa quanto poco sia, sono più felici e vivono vite più appaganti.

Mantenere un atteggiamento positivo allena la vostra forza di volontà, perché l'ottimismo alla fin fine condiziona la mente. *Siete voi che scegliete di indulgere in pensieri negativi o di sentirvi grati anche se le cose non vi stanno andando bene.*

Ogni giorno, prendetevi un minuto o due per esprimere apprezzamento. Una pratica costante riaddestrerà il vostro cervello a concentrarsi su ciò che è giusto, invece che su ciò che è sbagliato. Questo vi aiuterà a perseguire i vostri obiettivi e a persistere, nonostante gli ostacoli che incontrerete lungo il cammino.

ABITUDINE N. 7: COSTRUIRE LA SICUREZZA IN SÉ STESSI. PROVARE A PARLARE IN PUBBLICO.

Trovarsi di fronte a un gruppo di persone e fare un discorso mette a disagio, per non dire di peggio. Ecco perché parlare in pubblico è un buon esercizio per l'autodisciplina.

Vi insegnerà come mantenere la calma in una situazione stressante. Questo aumenterà il controllo emotivo e vi aiuterà a gestire meglio le tentazioni e gli impulsi. *Parlare in pubblico migliorerà anche le vostre doti di sicurezza e la capacità di leadership.*

Questo avrà un grande impatto sulla vostra autodisciplina, dimostrandovi che, nella vita, accogliere un certo disagio paga grandi dividendi. Prendete in considerazione di unirvi a un gruppo di Toastmaster, oppure offritevi volontari per parlare in pubblico al lavoro. *Inoltre, non evitate mai l'opportunità di parlare di fronte alla gente, anche nella vostra vita sociale.*

ABITUDINE N. 8: DIVENTARE UN PRODUTTORE. CREARE PIÙ DI QUANTO SI CONSUMA.

Il lavoro richiede autodisciplina, mentre il consumo è indulgenza. Entrambi sono importanti, nella vita, ma se lo scopo sono la crescita e la felicità, sforzatevi di produrre molto più di quanto consumate. Ciò avrà un effetto non solo sulla vostra vita finanziaria, ma anche sulla realizzazione personale complessiva.

Fate del vostro meglio invece di prendere delle scorciatoie. Condividete il vostro lavoro con il mondo. Offritevi volontari per fare i leader. Organizzate eventi e feste. Presentate le persone le une alle altre. Date consigli ponderati. Offrite sostegno.

Quando vi concentrate sul creare valore, diventare degli apportatori professionali di valore e risolutori di problemi. Questo vi dà l'opportunità di essere più intraprendenti, un tratto che vi aiuterà a raggiungere anche i vostri obiettivi.

ABITUDINE N. 9: SUPERARE LA PROCRASTINAZIONE. FARLO SUBITO.

Se rimandate sempre le attività scomode, vi allenate a dare priorità a premi immediati e insignificanti. Questo è l'opposto di ciò che vi serve, se volete diventare più disciplinati.

La procrastinazione vi dà un po' di divertimento oggi a spese di vantaggi più sostanziali domani. Ad esempio, potete guardare il vostro programma TV preferito oggi, ma sarete stressatissimi domani, quando cercherete di portare a termine all'ultimo minuto una presentazione importante.

Ogni volta che vi sorprendete a dire "Lo farò dopo", interrompete tutto ciò che state facendo e mettevi al lavoro. Non importa quanto vi sentiate tentati, oggi: rimandare le cose garantisce un futuro meno piacevole. Un allenamento costante di questo tipo vi aiuterà a fissare l'abitudine di impegnarvi nello sgradevole e scomodo oggi, in modo da poter godere di un domani più piacevole, positivo e promettente.

ABITUDINE N. 10: TENERE LE COSE IN ORDINE. RIFARSI IL LETTO.

Nel suo discorso di apertura all'Università del Texas di Austin, nel 2014, l'ammiraglio William H. McRaven disse: "Se rifate il letto ogni mattina, avrete compiuto il primo compito del giorno. Ciò vi darà un piccolo senso di orgoglio e vi incoraggerà a svolgere un altro compito e poi un altro, e un altro ancora. Alla fine della giornata, quel singolo compito portato a termine si sarà trasformato in una serie di molti altri compiti assolti".

Rifarsi il letto la mattina vi aiuta a diventare più coscienziosi. Vi programmate per rifiutare la sciatteria e abbracciare standard più elevati. Ciò si traduce nel modo in cui vi comportate durante il resto della giornata.

ABITUDINE N. 11: SRADICARE LA NEGATIVITÀ. SMETTERE DI LAMENTARSI.

Il lagnarsi non è altro che pigrizia mentale: invece di eliminare pensieri negativi improduttivi, scegliete di indulgervi. Questo non cambia nulla, ma vi rovinerà l'umore.

Ogni volta che iniziate a lamentarvi, consideratelo un esercizio di forza di volontà. Spostate la vostra attenzione su qualcosa di positivo. Se il tempo è brutto, almeno avete un tetto sopra la testa. Se state ancora aspettando il pasto dopo averlo ordinato trenta minuti fa, almeno potete permettervi di mangiare fuori.

Inoltre, invece di perdere tempo a lamentarvi di una situazione fastidiosa ricorrente, pensate a potenziali soluzioni. Ad esempio, se detestate il vostro tragitto giornaliero, forse è il momento di avvicinarvi al posto di lavoro, negoziare il lavoro da casa o trovare un nuovo lavoro.

Passare dalle lamentele ai pensieri produttivi vi aiuterà a migliorare la vostra disciplina mentale e vi insegnerà a cercare soluzioni, invece di mostrarvi negativi.

ABITUDINE N. 12: IMPARARE ATTRAVERSO LA PRATICA. PORSI UNA GRANDE SFIDA.

Le sfide sono gli strumenti per scolpire l'autodisciplina. Mentre lavorate su un grande obiettivo che mette alla prova la vostra determinazione in un'area specifica, migliorate la vostra disciplina in questa particolare cosa, così come in altri aspetti della vostra vita.

Il successo genera successo. Ogni sfida in cui vi impegnate offre lezioni che vi aiuteranno nelle attività future. Perseguite regolarmente una grande sfida. Ecco alcuni esempi:

- correre / andare in bicicletta / nuotare / camminare, ecc. per una lunga distanza in un periodo di tempo specifico, ad esempio percorrendo 1500 chilometri nell'arco di tre mesi.

- Portare a termine il numero totale di ripetizioni previste per questo mese, ad esempio 1000 flessioni.

- Raccogliere fondi per 50.000 euro, quest'anno, per la vostra organizzazione benefica preferita.

- Diventare un oratore fluente in una lingua straniera in due anni.

- Acquisire una qualsiasi abilità difficile come progetto a lungo termine.

032

ABITUDINE N. 13: VIVERE SECONDO LE PROPRIE REGOLE. IDENTIFICARE LE COSE NON NEGOZIABILI.

Restate disciplinati stabilendo regole che non possono essere infrante in nessuna circostanza. Un chiaro insieme di principi fungerà da blocco stradale contro le decisioni impulsive che mettono a repentaglio il vostro futuro.

Ad esempio, una delle cose non negoziabili potrebbe essere che non potete stare troppo comodi. Ogni settimana, dovete impegnarvi in qualcosa che vi spaventa, vi sfida o altrimenti vi aiuta a crescere. Questa regola vi eviterà di riposare sugli allori e, di conseguenza, perdere l'autodisciplina.

Quando stabilite le vostre regole infrangibili, valutate se state vivendo la vostra vita secondo i loro principi. Se ci sono delle incongruenze, usatele come fonte di motivazione in modo che la vostra vita rifletta i vostri principi più importanti.

Se una delle cose non negoziabili è che avete assolutamente bisogno di fare tutto ciò che è in vostro potere per prendervi cura della famiglia, perdere finalmente i chili in eccesso non vi aiuterebbe a svolgere questo ruolo?

Se una delle vostre regole è quella di dare la priorità al tempo libero sui beni materiali, non avrebbe senso migliorare la vostra produttività, così da poter passare più tempo con i vostri cari?

Le mie
regole

ABITUDINE N. 14: ISPIRARSI OGNI GIORNO. CREARE PROMEMORIA VISIVI QUOTIDIANI.

Re-impegnarvi nei vostri obiettivi, ogni giorno, è la chiave per una motivazione costante. Uno dei modi migliori per farlo è attraverso i ricordi visivi di tutti i giorni: immagini, video, citazioni, oggetti o musica che vi ricordano perché state perseguendo il vostro obiettivo.

Ecco alcune idee:
1. Usate un'immagine che rappresenta il futuro dei vostri sogni come sfondo del vostro dispositivo.

2. Mettete una foto del risultato desiderato da qualche parte, dove possiate vederla più volte al giorno (ad esempio sul frigo).

3. Stampate foto e citazioni ispiratrici e appuntatele su una bacheca davanti alla vostra scrivania.

4. Impostate un promemoria giornaliero sul telefono con un messaggio rapido come: "Mangio in modo sano", "Sono sempre allegro", "Prendo decisioni che favoriscono il mio futuro".

5. Mettete un piccolo oggetto sul comodino che vi ricordi che cosa vi aiuterà a evitare il raggiungimento del vostro obiettivo. Ad esempio, un piccolo orologio vi ispirerà a lavorare sulla vostra attività ricordandovi che non volete più svegliarvi con la sveglia.

NON DARE DA MANGIARE AL GATTO
UN VERO EROE NON SI MISURA DALL'INTENSITÀ DELLA SUA FORZA, MA DALLA FORZA DEL SUO CUORE
ODORA LE ROSE

ABITUDINE N. 15: ALLARGARE GLI ORIZZONTI. LEGGERE DEI LIBRI.

Se leggete le interviste con alcune delle persone di maggior successo, vi accorgerete che tutte sembrano condividere la stessa abitudine: *sono accaniti lettori.*

Leggere libri, che si tratti di romanzi, autobiografie o guide pratiche, allarga i vostri orizzonti. *Quando scoprite nuove prospettive, potete sfatare le vostre attuali convinzioni e abbracciare nuove concezioni di vita.*

Inoltre, leggere regolarmente manifesta il vostro impegno verso una formazione continua, un valore condiviso, nella vita di tutti i giorni, da ogni singola persona di successo.

Vi consiglio caldamente di leggere le autobiografie delle persone che ammirate. È il modo più semplice per entrare nella mente di quelle persone che desiderate emulare, applicando le loro idee nella vostra vita.

Martin Meadows
GUIDA ILLUSTRATA
ALL'AUTO

ABITUDINE N. 16: ESSERE CORAGGIOSI. AFFRONTARE LE PROPRIE PAURE.

Quando vi sottoponete volontariamente a qualcosa che temete, il muscolo della vostra forza di volontà si allunga, proprio come quando andate in cerca di piccoli inconvenienti e decidete di stare calmi in mezzo alla frustrazione. *Si tratta di abituarsi al disagio, in questo caso la paura, e questo vi renderà più resistenti quando affronterete le difficoltà.*

Identificate le paure e affrontatele, periodicamente, per far crescere forza e coraggio. Fatelo in modo sicuro, però. Non si tratta di avventurarsi da soli nella foresta pluviale amazzonica per superare la paura dei serpenti. *Pensate a come ridurre gradualmente la paura in un ambiente sicuro e controllato.*

ABITUDINE N. 17: FARSI AMICA LA FAME. PRATICARE IL DIGIUNO INTERMITTENTE.

Il digiuno intermittente è un modello di alimentazione in cui ci si astiene dal cibo per almeno 14-16 ore. Si tratta tuttavia di un altro esercizio che metterà alla prova le vostra determinazione, ponendovi in una situazione scomoda autoinflitta. *Questa volta, metterete alla prova la vostra forza di volontà esponendovi alla fame.*

Oltre a essere un ottimo esercizio per diventare più tosti, il digiuno è sano, con molti vantaggi documentati dalla ricerca scientifica. Il digiuno vi rende anche più flessibili nella vita: se potete stare senza mangiare per un periodo di tempo prolungato, non dovrete programmare la vostra vita in base ai pasti.

Il modo più semplice per praticare il digiuno intermittente è saltare la colazione. Potete anche smettere di mangiare qualche ora prima di andare a dormire, o impostare una finestra per mangiare: ad esempio, mangiare solo tra le 11 e le 19. Se siete pronti per una sfida più grande, digiunate per 24 ore o più.

ABITUDINE N. 18: SCONFIGGERE LE DISTRAZIONI. MEDITARE.

Le distrazioni abbondano, nel mondo frenetico di oggi. È una lotta costante per mantenere la concentrazione. A peggiorare le cose, allontanarsi da tutto non è facile, perché siamo sempre a portata di dito dallo smartphone.

È qui che la meditazione può aiutare. *La meditazione significa concentrarsi su una singola cosa.* Non c'è bisogno di sedersi a gambe incrociate, però. Potete concentrarvi sul respiro, sulla fiamma di una candela, su un incantesimo. O ancora, sul colpire la pallina da tennis, mettere un piede davanti all'altro, fare da sparring partner in una palestra di pugilato, arrampicarsi, fare surf, ballare il tango, scrivere, dipingere e qualsiasi altra attività che, per essere fatta bene, richieda la vostra concentrazione assoluta.

Trascorrere regolarmente del tempo in uno stato meditativo migliorerà la vostra capacità di concentrazione. Con un maggiore controllo sulla vostra mente, diventerete più disciplinati in tutte le aree della vita.

ABITUDINE N. 19: ESSERE ONESTI. DIRE LA VERITÀ.

Fare sempre la scelta più comoda spesso porta più problemi che vantaggi. Mentire è un esempio di tale scelta: all'inizio è una scelta più comoda dell'essere onesti, ma alla fine costringe a pagare un prezzo molto alto. *Quando viene scoperta, la menzogna distrugge la fiducia, e talvolta anche le relazioni... e tutto per la decisione impulsiva di risparmiarsi un po' di disagio.*

Dire la verità può essere angosciante, ma finché siete civili a questo riguardo, molte persone apprezzeranno e ammireranno la vostra franchezza. *La padronanza dell'onestà migliorerà le vostre relazioni e vi permetterà di avere più controllo, quando dovrete usare l'autodisciplina in un contesto sociale.*

ABITUDINE N. 20: RADDRIZZARSI. TENERE UNA BUONA POSTURA

Eliminare piccole cattive abitudini dalla vita di tutti i giorni è un modo semplice per migliorare la forza di volontà. Una di queste abitudini è la cattiva postura: affondare in una sedia, appoggiarsi su una gamba, piegarsi su un computer, curvare le spalle o tenere un telefono all'orecchio, tanto per dirne qualcuna.

Sviluppate la consapevolezza della vostra postura e correggetela durante il giorno. *Oltre a migliorare la vostra forza di volontà, la schiena vi ringrazierà.*

Come promemoria per mantenere una buona postura, mettete un post-it a livello degli occhi sulla porta della cucina, della camera da letto o di qualsiasi altra stanza in cui passate regolarmente.

ABITUDINE N. 21: L'UMORE È UNA SCELTA. CONTROLLARE IL PROPRIO STATO MENTALE.

La vostra fisiologia influenza lo stato mentale a un livello profondo.

Provatelo subito: alzatevi, indossate un sorriso luminoso sul viso e iniziate a saltare su e giù. Vi sentirete pieni di energia e più felici. Ora, incurvate le spalle, aggrottate la fronte e fissatevi i piedi, irrigidendo la schiena. Non è una posizione facile per essere felici, giusto?

Non potete eliminare gli eventi negativi dalla vostra vita, ma potete controllare la vostra risposta nei loro confronti. Nessuno vi costringe a stare male. Le cattive emozioni a volte sono utili, ma non dovrebbero essere la norma.

Usate gli stati negativi come innesco per lavorare sul controllo emotivo. ***Sorridete. Pensate pensieri di riconoscenza.*** Cambiate il linguaggio del corpo per sentirvi più positivi. Sforzatevi di essere persone allegre e solidali. Concentratevi sull'aiutare gli altri a sentirsi bene, e vi sentirete bene anche voi.

Create un elenco di cose che potete fare per sentirvi meglio. Ogni volta che vi sentite negativi, scegliete una cosa che vi sollevi lo spirito.

Una nota a margine: se pensate di essere depressi, per favore, per favore, parlatene con un terapista qualificato. Non rimandate. Andate a prenotare una seduta oggi stesso. ***Non dovete farcela da soli.***

ABITUDINE N. 22: AVERE PIÙ ENERGIA. SVEGLIARSI DI BUON'ORA.

Svegliarsi presto migliorerà la vostra vita in due modi. *Per prima cosa eserciterete la vostra forza di volontà.* Non è un'impresa facile mostrare autodisciplina, se siete ancora mezzi addormentati. In s*econdo luogo, svegliarsi presto vi dà un vantaggio e vi aiuta a essere più produttivi.*

La sera prima, pianificate qualcosa di emozionante o di piacevole da fare al mattino. Se non avete niente da attendere con ansia, al mattino, alzarvi sarà difficile.

Programmate di gustare lentamente una tazza di caffè o tè, fare jogging mentre ascoltate la vostra musica preferita, imparare qualcosa di interessante, leggere un libro del vostro autore preferito o lavorare a un progetto entusiasmante.

Se non siete mattinieri, seguite una routine che vada bene per voi. *Svegliarsi presto non funziona per tutti, ma tutti possono beneficiare di un programma regolare e prevedibile.*

ABITUDINE N. 23: SENTIRSI BENE, SENTIRSI MALE. FARE DOCCE FREDDE.

Se state cercando un modo semplice per testare e far crescere la vostra forza di volontà, non guardate troppo lontano: basta il vostro bagno! *Aprite l'acqua fredda e godetevi i piaceri dell'acqua gelida che colpisce il vostro corpo.*

Fare una doccia fredda, quando è disponibile l'acqua calda, vi mette in una situazione scomoda autoimposta. Imparerete a tollerare le circostanze spiacevoli in un ambiente sicuro, dal quale potete scappare ogni volta che diventa troppo difficile da gestire.

Questa abitudine vi aiuterà a diventare più tosti e a migliorare la vostra capacità di sorridere, mentre sopportate un disagio intenso a breve termine.

ABITUDINE N. 24: FARLO SEMPRE E COMUNQUE. ABBRACCIARE IL DISAGIO.

Nel suo libro Living with a Seal, l'autore Jesse Itzler cita le seguenti parole del suo allenatore, il Navy SEAL David Goggins: *"Se non ci dà fastidio, non lo facciamo"*.

Fare cose fastidiose è l'opposto di ciò che una persona sana di mente preferirebbe fare, eppure è il principale elemento di differenziazione tra una persona disciplinata e una persona debole.

La reazione naturale alle difficoltà e agli ostacoli è quella di trovare scuse e di eluderli. *Se rifuggite dalle cose fastidiose, però, perdete l'opportunità di allenarvi per gestire le difficoltà.*

È più piacevole e comodo cercare le cose facili, ma fare ciò che è difficile aiuta di più a crescere. Ad esempio, correre in condizioni ideali è divertente. *Correre quando è freddo, piovoso, umido o comunque difficile, però, è ciò che forma di più il vostro carattere.*

Quando lavorate sui vostri obiettivi, non abbiate paura di cercare ciò che è difficile. È lì che potete imparare di più. Spesso, una singola esperienza altamente stimolante può insegnarvi più di settimane di impegno in qualcosa di facile.

ABITUDINE N. 25: POTENZIARE LA PROPRIA DETERMINAZIONE. RICONOSCERE LE PICCOLE VITTORIE.

Se la determinazione vi consente di viaggiare verso i vostri obiettivi, riconoscere le vostre vittorie è come rifornire di carburante questo veicolo durante il percorso. *Le persone che non riconoscono le loro piccole vittorie potrebbero non notare i progressi e, successivamente, perdere la motivazione per andare avanti.*

Non dovete ottenere grandi vittorie per congratularvi con voi stessi di un lavoro ben fatto. In realtà, il più delle volte sono i piccoli risultati costanti che producono grandi successi.

Se siete a dieta, congratulatevi con voi stessi per aver mangiato verdura, bevuto un frullato o rifiutato di consumare un pasto malsano. Se volete migliorare la vostra situazione economica, apprezzate il fatto che oggi avete risparmiato 10 euro o che il vostro secondo lavoro vi aiuta a guadagnare altri 100 euro al mese.

Riconoscete ogni giorno le vostre piccole vittorie. Durante la revisione settimanale, non dimenticate di congratularvi con voi stessi per la continua dedizione agli obiettivi.

ABITUDINE N. 26: APRIRE LA MENTE. FARE BRAINSTORMING.

Abituarsi al pensiero in bianco e nero altera le capacità di apportare modifiche. Se ritenete di avere solo due scelte, molto probabilmente sceglierete di mantenere le stesse cose. Come si suol dire, meglio un uovo oggi che una gallina domani. Sfidare le vostre convinzioni, rifiutando di vedere solo due opzioni e cercando sempre alternative, vi aiuterà a fuggire da questo pericoloso tipo di pensiero.

Ad esempio, quando si tratta di perseguire i propri sogni imprenditoriali la maggior parte delle persone suppone che ci siano solo due scelte: o si avvia un'attività e si rischia di perdere tutto o si mantiene il lavoro che si odia e si accantonano i piani imprenditoriali.

Ora, prendete una persona che si rifiuta di pensare in bianco e nero. Risulta che ci sono più di due opzioni: si può tenere il lavoro e lavorare sul proprio business al mattino, si può collaborare con qualcuno per condividere le responsabilità, si può chiedere a loro di lavorare part-time o di passare a un contratto, si può investire in capitale di rischio in modo da iniziare con risorse adeguate, e così via.

Resistete al pensiero pigro. C'è sempre una terza opzione, e spesso una quarta, una quinta o una sesta.

ABITUDINE N. 27: FARE SPAZIO PER CIÒ CHE CONTA. METTERE IN ORDINE.

Il disordine fisico non è solo sgradevole da guardare, ma influenza anche la vostra capacità di concentrazione. Mantenere le cose pulite e in ordine richiede autodisciplina, la quale a sua volta vi offre l'opportunità di esercitare il muscolo della forza di volontà. *Mettere in ordine è anche un modo fantastico per liberare la mente dalle distrazioni e riguadagnare la concentrazione.*

Scartate oggetti come vestiti usati, gadget che non usate e oggetti che avreste dovuto buttare via molto tempo fa, come vecchie scatole di cartone e prodotti scaduti. Applicate l'ordine anche alla vostra vita elettronica. Non tenete aperte dozzine di schede nel browser. Non mettete una settantesima icona sul desktop. Non installate un'altra app di tendenza sul telefono.

Identificate quali sono gli elementi che contribuiscono poco alla vostra vita e riduceteli al minimo. Ad esempio, se non vi preoccupate particolarmente di come vi vestite, semplificate il guardaroba e regalate gli abiti che indossate raramente.

Tenete a bada il disordine facendo una rapida valutazione settimanale e scartando regolarmente le cose che non vi servono più.

ABITUDINE N. 28: MANTENERE LO SLANCIO. FARE SEMPRE UN PASSO AVANTI.

Iniziare è spesso la parte più difficile. Una volta che la macchina è in movimento, mantenetela in funzione. Formatevi l'abitudine che, indipendentemente da tutto, farete sempre almeno una piccola azione legata ai vostri obiettivi. Non è realistico aspettarsi di andare sempre al massimo, ma potete sempre fare qualcosa per manifestare il vostro impegno.

Ad esempio, se non avete voglia di fare esercizio, ditevi che vi eserciterete per un solo minuto e poi avrete finito. Anche se è tutto ciò che farete, oggi, sarà comunque un piccolo passo avanti e manterrete un po' di slancio. *Grazie a questo, domani non vi sveglierete pensando che, visto che ieri avete già saltato la routine, potete saltarla anche oggi.*

ABITUDINE N. 29: OTTIMIZZARE I LIVELLI ENERGETICI. CONTROLLARE LA CAFFEINA.

La caffeina è una manna dal cielo per i carrieristi. Sfortunatamente, nessuno vi regala niente. Non è possibile mantenere artificialmente l'energia alta per tutto il tempo. *La caffeina può essere utile se avete bisogno di una botta di energia; ma, se la assumente quotidianamente, solo per passare il giorno, porta a una dipendenza.* Invece di darvi una sferzata di energia, la caffeina diventa qualcosa che dovete consumare per evitare di crollare.

Troppa caffeina porta a mal di testa, irritabilità, irrequietezza e nervosismo, nessuno dei quali aiuta l'autodisciplina. A peggiorare le cose, consumare caffeina sei ore prima di andare a letto riduce la qualità del sonno, rendendovi ancora più stanchi il giorno dopo.

La caffeina è il diavolo che non ha assolutamente posto nella vostra vita? Chiaramente no. Potreste avere dei vantaggi, controllando l'assunzione di caffeina? Assolutamente sì.

Pensate alla possibilità di passare dal caffè a una tisana e di provare alternative senza caffeina al caffè, come il caffè di cicoria. *Smettete del tutto di bere bevande energetiche, che, a differenza del caffè, non offrono vantaggi ma, anzi, rappresentano un grosso rischio per la salute.*

CAFFÈ
63
TÈ

ABITUDINE N. 30: GUADAGNARE FORZA. ESTENDERE I LIMITI FISICI.

L'attività fisica regolare è una delle abitudini più potenti, non solo perché è vitale per la salute, ma anche perché è un'eccellente opportunità per allenare la vostra forza di volontà.

Ogni volta che eseguite un esercizio difficile nonostante il disagio, estendete i vostri limiti. Estendere ripetutamente i propri limiti fisici costruisce allo stesso tempo la forza fisica e la forza mentale.

Estendete delicatamente i vostri limiti durante la maggior parte degli allenamenti. Di volta in volta, spingete i vostri limiti -in modo sicuro e consapevole-a un livello più estremo. La parola chiave qui è "i vostri limiti". Non confrontatevi con gli altri. Non importa se non potete correre per più di due minuti mentre altri corrono per ore. *La competizione è con voi stessi.*

SPINGI

ABITUDINE N. 31: LO SFORZO PORTA A RISULTATI. VESTIRSI BENE.

Vestirsi bene sembra una reliquia del passato. Nel mondo egualitario di oggi, dovremmo giudicare le persone in base al loro comportamento, non a come si vestono. Questa affermazione ha un senso, ma non cambia il fatto che reagiamo senza'altro più positivamente a una persona ben vestita che non a una sciatta.

Vestirsi bene è meno comodo che indossare i propri vestiti casual preferiti. Tuttavia, come abbiamo già stabilito, un piccolo disagio spesso vale la pena. Le persone ben vestite fanno una prima impressione migliore, sembrano più professionali, attraenti e degne di fiducia. Il vostro aspetto esteriore può avere un grande impatto su quanto vi sentite importanti dentro.

Dovreste indossare un abito o un vestito formale ogni giorno? Siamo realistici: non lo farete e non è necessario. Dovreste sforzarvi di apparire al meglio, e sentirvi a vostro agio con poco disagio, quando cercate una persona importante, partecipate a un incontro importante o avete bisogno di un po' di fiducia in voi stessi? Se lo volete davvero, la risposta è evidente.

ABITUDINE N. 32: AVERE PIÙ SPESSORE. LAVORARE SU UNA DEBOLEZZA.

Quando utilizzate i vostri punti di forza, sentite di avere il controllo. State facendo quello in cui siete bravi, e quando le cose vanno bene si ha sempre una buona sensazione. Al contrario, quando lavorate sui vostri punti deboli, non vi sentite a vostro agio. Le frustrazioni abbondano. Le sfide sembrano insormontabili.

C'è molto da imparare, facendo periodicamente cose in cui non siamo bravi. Allenatevi a continuare, nonostante gli ostacoli praticamente insormontabili. *Migliorate la vostra pazienza, quando tutto ciò che vorreste fare è gridare dalla frustrazione.* Diventate persone con più spessore.

Fate una lista delle vostre debolezze. Chiedetevi quali apporterebbero i maggiori vantaggi alla vostra vita, se riusciste a gestirle in modo migliore. Ogni mese o trimestre, sceglietene una su cui lavorare.

ABITUDINE N. 33: RIPRISTINARE L'EQUILIBRIO. CONNETTERSI CON LA NATURA.

Cerchiamo modi per diventare più disciplinati, energici, efficienti. Tuttavia, a volte, ciò di cui abbiamo bisogno è proprio il contrario. Dobbiamo ristabilire l'equilibrio facendo di meno e tornando al nostro posto primario nel mondo: la natura.

Trascorrere regolarmente del tempo in un ambiente naturale, che si tratti di parco, spiaggia, montagne, deserto, foresta, giungla, mare, lago o oceano, è uno dei modi migliori per ricaricarsi. *Nel lungo termine, questo vi aiuterà a prendervi cura della vostra salute mentale e a mantenere al massimo livello le vostre prestazioni.*

Non riuscire a smettere di premere sull'acceleratore, e perdersi in una vita urbana rumorosa e fastidiosa, è una ricetta infallibile per l'esaurimento. Assicuratevi di ricaricare le batterie regolarmente, trascorrendo un'ora o due in un ambiente naturale e corroborante.

ABITUDINE N. 34: ASSICURARSI DI ESSERE SULLA STRADA GIUSTA. RIVEDERE LA PROPRIA ROTTA.

L'autodisciplina è uno strumento che può aiutarvi a raggiungere i vostri obiettivi. Questo strumento è utile solo se lo si applica agli obiettivi giusti.

La cieca testardaggine di perseguire obiettivi di cui non vi importa più niente è dispendiosa. A peggiorare le cose, se non riflettete regolarmente sulla vostra rotta, gli obiettivi meno importanti possono privarvi di risorse che dovreste spendere per altri aspetti più fondamentali della vostra vita.

Ad esempio, nella cieca ricerca di un maggior guadagno, potreste sacrificare le vostre relazioni, un valore che nella vita è molto più importante.

Rivedere periodicamente la vostra rotta è una misura preventiva fondamentale per verificare eventuali discrepanze tra il vostro stile di vita e i vostri valori. Chiedetevi se avete ancora a cuore i vostri obiettivi. *Scoprite se le vostre abitudini quotidiane sono coerenti con la rotta che volete prendere.*

ABITUDINE N. 35: RENDERLA SEMPLICE. IDENTIFICARE LA COSA PRINCIPALE.

Descritta in dettaglio nel libro di Gary Keller e Jay Papasan *Una cosa sola*, l'abitudine di identificare e concentrare le risorse sulla vostra *"cosa sola"* si riduce a rispondere alla seguente domanda:

"Qual è la sola cosa che si può fare, per cui tutto il resto sarà o più facile o non più necessario?"

Potenti abitudini di autodisciplina non si limitano a migliorare l'autodisciplina: servono anche a ottimizzarne l'uso. Concentrarsi sull'attività più trasformativa richiederà meno autodisciplina. Quando stabilite un nuovo obiettivo, identificate la "cosa sola" e raddoppiate la scommessa su di essa, per diventare più efficaci e di successo mentre al contempo fate di meno.

1.

ABITUDINE N. 36: CREARE UNA RETE DI ABITUDINI. SVILUPPARE COLLEGAMENTI MOTIVAZIONALI.

Un legame motivazionale è un ponte tra una nuova abitudine e il vostro stile di vita: valori, attività, persone, abitudini esistenti, ecc. *Lo sviluppo di collegamenti motivazionali per ogni nuova abitudine crea una rete di abitudini forte e auto-rinforzante.*

Ad esempio, potete assumere una nuova abitudine come lo stretching dopo esservi lavati i denti al mattino. *In questo modo, ogni volta che vi lavate i denti, vi ricordate dello stretching.*

Un altro esempio di collegamento motivazionale è collegare una nuova abitudine alla vostra passione. Identificate i vantaggi specifici di una nuova abitudine nei confronti della vostra passione, come ad esempio una dieta sana che migliora le vostre prestazioni nel tennis. Potete anche combinare la vostra passione con una nuova abitudine: ad esempio, ascoltare podcast didattici mentre correte.

Infine, potete sviluppare un collegamento motivazionale collegando una nuova abitudine a un'altra persona. Potete implementare una nuova abitudine con il coniuge, un amico o una persona cara, o collegare la nuova abitudine con l'impatto positivo che avrà su di loro. Ad esempio, l'abitudine di risparmiare il 10% del vostro stipendio, ogni mese, sarà di grande vantaggio per tutta la famiglia. Stabilire una chiara connessione tra il risparmio e la cura della famiglia può darvi la spinta motivazionale per sostenere questa nuova abitudine.

ABITUDINE N. 37: ACCOGLIERE LA PRESSIONE SOCIALE. FARE NUOVE AMICIZIE.

La ricerca sulla teoria dell'apprendimento sociale di Albert Bandura ha dimostrato che è possibile acquisire nuovi comportamenti osservando e imitando gli altri.

Circondarvi di persone che mostrano proprio quei tratti che anche voi vorreste sviluppare è una scorciatoia che potete sfruttare a vostro vantaggio per raggiungere più rapidamente gli obiettivi. Quando create delle amicizie con persone attinenti alle vostre attività, avrete bisogno di meno autodisciplina per cambiare, perché adotterete i giusti comportamenti attraverso la semplice esposizione sociale.

Ad esempio, se iniziate ad andare in palestra e fate amicizia con i frequentatori di palestre, troverete più facile attenervi a questa abitudine e mostrare valori che miglioreranno la vostra forma fisica e la vostra salute.

Poiché copiamo comportamenti, convinzioni e abitudini delle persone più vicine a noi, dobbiamo scegliere consapevolmente l'ambiente immediatamente vicino a noi. *Assicuratevi che funzioni a vostro vantaggio.*

ABITUDINE N. 38: SENTIRSI MEGLIO. PRENDERE UN PO' DI SOLE.

La vitamina D, un ormone che il corpo produce quando esposto al sole, migliora la salute delle ossa, protegge da alcuni tumori e ha un impatto positivo su organi, muscoli, salute autoimmune e cervello. Inoltre accresce la sensazione di benessere, aiuta chi soffre di disturbi affettivi stagionali e riduce la sindrome premestruale.

Si dice che trascorrere un qualsiasi lasso di tempo al sole, senza protezione, sia pericoloso. Gli esperti affermano che dovremmo evitare di andare fuori tra le 11 e le 15, e che dovremmo sempre usare la protezione solare.

Sfortunatamente, l'angolazione del sole prima delle 11 e dopo le 15 è troppo bassa perché il corpo sintetizzi la vitamina D. Applicare sempre una crema solare riduce di oltre il 90% la capacità del corpo di sintetizzare la vitamina D. Ecco perché una grande percentuale di persone è carente di questa importante vitamina.

Un'integrazione può aiutare, ma non avrà gli stessi effetti del sole. *Il modo migliore per produrre sufficiente vitamina D è di esporsi almeno un'ora alla settimana al sole, senza protezione, tra le 11 e le 15.*

Esporsi regolarmente al sole per ottenere livelli ottimali dell'importantissima vitamina D migliorerà il vostro umore, la salute e, per estensione, vi aiuterà ad avere più successo.

ABITUDINE N. 39: RALLENTARE. STACCARE PER QUALCHE GIORNO.

Il riposo è importante tanto quanto il lavoro. Se siete esausti, è improbabile che riusciate a fare qualcosa. Assicurarsi che il corpo e la mente abbiano una possibilità di recupero è vitale per i vostri obiettivi.

Stabilite periodi di riposo regolari: un intervallo di tempo programmato, riservato a voi e a voi soltanto. Trascorretelo meditando, facendo un pisolino, ascoltando la vostra musica preferita, facendo una passeggiata, leggendo o qualsiasi altra cosa che vi rilassi.

Se avete lavorato con più intensità del solito, dovreste dedicare più tempo anche al recupero. Fate seguire ogni periodo impegnativo da un corrispondente periodo di ripresa, per ricaricare le batterie.

Martin Meadows
GUIDA ILLUSTRATA
ALL'AUTODISCIPLINA
50 abitudini per una vita con più
autocontrollo, successo e soddisfazione

ABITUDINE N. 40: RAFFORZARE LA MOTIVAZIONE. AVERE DIVERSI MOTIVATORI.

Quando stabilite nuovi obiettivi, passate un sacco di tempo a capire i vostri migliori motivatori o suonate a orecchio, dando per scontato che, se siete motivati ad agire ora, sarete motivati anche in futuro? Se pensate alle vostre motivazioni, vi limitate a ragioni superficiali (più denaro, aspetto migliore, ecc.) o pensate anche ai premi interiori che potete ottenere?

Per ogni nuovo obiettivo, scoprite uno scopo più grande della semplice prima ragione che vi viene in mente. Questo ulteriore elemento motivazionale può creare o distruggere la vostra determinazione. Nei momenti di dubbio, per andare avanti avrete bisogno di tutto l'aiuto che potete ottenere. Se il vostro principale o unico motivatore è impressionare qualcuno, siete nei guai.

Scrivete tutti i vostri motivatori: premi esteriori, premi interiori e impatto positivo che avrete sugli altri. *Rivedeteli periodicamente, per ricordarvi il motivo per cui state facendo sacrifici.*

Per crearvi ulteriori responsabilità, potete radunare altre persone attorno al vostro scopo. Ad esempio, condividete pubblicamente come i vostri sforzi per perdere peso serviranno per correre una maratona e raccogliere fondi per una causa che vi interessa.

SENZA
ZUCCHERO!

ABITUDINE N. 41: CREARE UN'URGENZA. IMPOSTARE SCADENZE BREVI.

Secondo la legge di Parkinson, il lavoro si espande per riempire il tempo disponibile per il suo completamento. Se dovete preparare un rapporto per il lunedì successivo, vi ci vorrà esattamente fino a lunedì per farlo. Se doveste improvvisamente essere pronti per venerdì, lo farete entro venerdì.

Creare urgenza aumenta la vostra autodisciplina perché, con del tempo limitato a disposizione per eseguire un determinato compito, non potrete permettervi di dilettarvi. Non potrete procrastinare. *Non potrete ossessionarvi su ogni singolo dettaglio senza importanza.*

Quando pianificate le attività, impostate scadenze più brevi di quelle che vi stanno bene. In questo modo, sfrutterete il potere dell'urgenza per migliorare la produttività e rafforzare la vostra autodisciplina. Tenete presente che troppa pressione può portare all'esaurimento, però, quindi ogni tanto togliete il piede dall'acceleratore.

1. HELPING PROCESS
2. PEOPLE, PEOPLE, PEOPLE
3. HOPE

ABITUDINE N. 42: MOTIVARSI AD AGIRE ORA. PENSARE ALLA MORTE.

La prossima volta che vi trovate in un luogo pubblico, guardatevi intorno. A meno che non inventiamo una tecnologia strabiliante, tra 150 anni tutti quelli che vi stanno intorno saranno sostituiti da persone completamente diverse.

Perché così morboso? Perché questo esercizio può aiutarvi a vivere una vita migliore.

Potete sentirvi tristi per la morte imminente, oppure potete usare questa cosa a vostro vantaggio, ricordandovi allegramente che avete ancora il controllo su come si svolgerà la vostra vita.

Un giorno sarà tutto finito, ma mentre siete ancora in grado di influenzare la vostra vita, perché non sfruttarla al meglio? Pensare periodicamente alla morte può servire come potente promemoria per superare la procrastinazione e introdurre un'urgenza positiva nella vita.

Potete usare questo tipo di visualizzazione per sentirvi più riconoscenti. *Anche se le cose non stanno andando bene, siete ancora vivi e avete ancora voce in capitolo su come sarà la vostra vita.*

Come esercizio supplementare, immaginate il vostro funerale e chiedetevi cosa vorreste che gli altri dicessero di voi. Le vostre scelte attuali portano in questa direzione o altrove? *Che cosa potete fare, ora, per assicurarvi che il vostro lascito sia duraturo?*

RIP

ABITUDINE N. 43: GODERSI IL VIAGGIO. RENDERLO DIVERTENTE.

Lavorare sui vostri obiettivi non deve essere un compito ingrato. Non dovete amare tutto del processo, ma, se riuscite a renderlo almeno in qualche modo piacevole, avrete bisogno di meno autodisciplina per vedere i vostri obiettivi.

Se state lavorando su un'attività noiosa e ripetitiva, giocate a un gioco in cui l'obiettivo è quello di svolgere l'attività il più rapidamente possibile. Se volete fare più spesso un'attività fisica, non limitatevi alle opzioni più comuni. Esplorate diversi sport e attività. Rendete le cose più divertenti facendole con altre persone.

Sperimentate e mescolate le cose per rianimare la vostra motivazione ed evitare di fermarvi a un punto morto. Una dieta sana non deve consistere sempre degli stessi alimenti. Mettere dei soldi da parte non deve voler dire lesinare. *Sviluppare una nuova abilità non deve riguardare la lettura di libri noiosi e l'apprendimento meccanico.*

Vale la pena provare qualsiasi cosa voi possiate fare per rendere il processo più piacevole. Minore è la forza di volontà necessaria per lavorare sui vostri obiettivi, più facile sarà raggiungerli.

ABITUDINE N. 44: CONSERVARE LE CONOSCENZE. TENERE UN REGISTRO DEI PROGRESSI.

Tenere un registro dei progressi, annotando le vostre osservazioni e lezioni e rivedendole regolarmente, vi aiuterà a imparare in modo più efficiente a ad evitare di commettere più volte gli stessi errori.

Un registro dei progressi può essere usato magnificamente per migliorare la dieta: potete annotare quanto vi siete sentiti sazi dopo un pasto, quanto siete stati male dopo esservi concessi cibi malsani, o annotare altri suggerimenti utili che vi aiutino ad andare avanti.

Potete anche tenere un registro degli allenamenti, un registro sulla lotta contro una cattiva abitudine, un registro del programma di sonno o un registro di acquisizione di un'abilità che vorreste perfezionare. *Documentate i vostri risultati e tornate frequentemente alle registrazioni precedenti per memorizzare le lezioni e trarne importanti ispirazioni per andare avanti.*

93

ABITUDINE N. 45: ESSERE AFFIDABILI. MANTENERE LA PAROLA DATA.

Se vi capita spesso di non mantenere le promesse, non diventate solo inaffidabili agli occhi degli altri, ma anche ai vostri. *Se non rispettate le promesse fatte ad altri, quando mai sarete in grado di onorare quelle fatte a voi stessi?*

Non mantenere la parola riduce la fiducia in sé stessi e vi rende meno propensi a portare avanti i vostri obiettivi. *Onorate tutte le vostre promesse, non importa se agli altri o a voi stessi.*

Se ad esempio vi siete ripromessi di non mangiare alcun cibo trasformato, oggi, non importa quanto lo desideriate: dovete mantenere la promessa. Quando stabilite nuovi obiettivi, scrivete e stampate contratti con voi stessi. Firmateli e teneteli da qualche parte dove possiate vederli. Siate puntuali: la puntualità riguarda anche il mantenere la parola data.

Onorare ripetutamente le promesse fatte a voi stessi o agli altri vi aiuterà a costruirvi l'identità di persone affidabili e, per estensione, disciplinate.

ABITUDINE N. 46: ESSERE FLESSIBILI. ALLUNGARSI E MOBILIZZARSI.

C'è un collegamento tra stretching, esercizi di mobilità e autodisciplina. Ci vuole forza di volontà per mantenere uno scomodo allungamento o per migliorare la mobilità, centimetro dopo centimetro, per molte settimane, con costanza. Mentre lavorate sulla vostra flessibilità, estendete contemporaneamente i vostri limiti fisici, ripristinate il giusto equilibrio nel vostro corpo e diventate mentalmente più forti.

Il foam rolling, esercitando una pressione su alcune parti del corpo per alleviare la tensione e alleviare il dolore, è un'altra abitudine da aggiungere al programma. Due palle di gomma, una più grande e una più piccola, sono tutto ciò che vi servirà per fare un efficace foam rolling a tutti i muscoli più importanti del corpo.

Il modo più semplice per acquisire l'abitudine di fare stretching ed esercizi di mobilizzazione è farlo subito dopo l'allenamento. Se siete particolarmente tesi, visitate un terapista: questo rilascerà abilmente le tensioni che altrimenti potreste fare fatica a eliminare da soli.

ABITUDINE N. 47: NON ESITARE. ESSERE RISOLUTI.

Ogni volta che vacillate, perdete tempo ed energie. Per evitare di sprecare risorse, abituatevi a non perdere più di un minuto sulle decisioni poco significative.

Praticate la risolutezza nelle situazioni quotidiane. Ad esempio, al ristorante, scegliete il primo piatto che vi piace. Non sprecate ore a scegliere cosa indossare. Tenete pronti diversi abiti che vanno bene in ogni occasione e mettete il primo che vi piace. Quando acquistate qualcosa di irrilevante come un tovagliolo di carta, non confrontate più opzioni.

Stabilite regole semplici che eliminino il processo decisionale. Ad esempio, se un libro che sembra interessante e ha recensioni per lo più positive costa meno di 10 euro, acquistatelo subito.

Risparmiate tempo ed energia sulle decisioni poco influenti, e avrete a disposizione più risorse per gestire le decisioni che contano.

MENU

ABITUDINE N. 48: FARE PICCOLI PASSI. COSTRUIRE MINI–ABITUDINI.

Usate le mini-abitudini come sistema per fare un passo alla volta prima di impegnarvi in un grande cambiamento. Non c'è bisogno di cambiare completamente la dieta, e da subito. *Potete iniziare in piccolo, vedere come vi sentite e, se vi piacciono i risultati ottenuti, continuare.*

Immaginiamo che vogliate allenarvi per trenta minuti al giorno. Sono mesi che rimandate questa abitudine. Il tempo scarseggia e la vostra energia è limitata.

Invece di dedicarvi subito a un'abitudine così importante, iniziate con una mini-abitudine. Allenatevi solo per cinque minuti al giorno. Ancora troppo? Che ne dite di allenarvi per un solo minuto? Riuscite a farlo? Se vi sembra ancora troppo impegnativo, magari possiamo fare trenta secondi?

Il vostro unico obiettivo è iniziare. *Non importa quanto sia piccolo, almeno avrete iniziato...* ed è qualcosa che potrebbe non succedere mai, se continuate ad aspettare le condizioni ideali per iniziare con l'obiettivo originale.

Una volta che restate attaccati a una mini-abitudine per alcune settimane, vi renderete conto che probabilmente potete aggiungere qualche minuto in più ad ogni sessione. Presto vi spremerete in dieci minuti di esercizio al giorno. Poi noterete che è possibile fare anche una ventina di minuti. Vi ci vorranno diversi mesi, ma alla fine sarete all'altezza della vostra abitudine iniziale.

ABITUDINE N. 49: IMPARARE IL CONTROLLO EMOTIVO. ACCETTARE DI NON ESSERE D'ACCORDO.

Quella di porre fine a un'accesa discussione prima che diventi incontrollabile è di gran lunga una delle sfide più difficili per la forza di volontà. È comprensibile che per alcuni argomenti le persone siano disposte a fare di tutto per persuadere gli altri. Sfortunatamente, questo approccio non è mai produttivo. *Potreste avere ragione al di là di ogni dubbio, ma non importa quanto ci proviate, non cambierete l'opinione di un'altra persona con la forza bruta.*

E se è un'impresa così improduttiva, perché preoccuparsi? *Se vi trovate coinvolti in una discussione, fermatevi un attimo e chiedetevi: qual è il mio obiettivo, qui?* Avrei cambiato idea, se qualcuno mi avesse attaccato allo stesso modo?

Fate un respiro profondo e accettate di non essere d'accordo. Se l'altra persona si inasprisce, insistete educatamente a cambiare argomento. Se questo espediente dovesse fallire, mantenete la calma e andate via.

La capacità di controllare le emozioni è una delle abilità più preziose da sviluppare, per essere più felici nella vita. Da ora in poi, considerate ogni discussione come un'opportunità per prenderla con filosofia e andarsene con grazia, con le emozioni contenute, la reputazione salva e l'autodisciplina rafforzata.

ABITUDINE N. 50: CREARE IL PROPRIO FUTURO. VISUALIZZARE.

Per far accadere qualcosa, dovete credere che possa accadere. Visualizzare il futuro trasforma il sogno improbabile che avete in testa in una chiara immagine mentale che diventerà realtà, se andate avanti.

Ogni mattina, visualizzatevi come persone che hanno raggiunto i loro obiettivi. Immaginate come si presenta la vostra vita quotidiana. Pensate alle decisioni e ai sacrifici che il vostro io futuro si è auto-costruito per arrivare dov'è. Visualizzate le abitudini che ha, le abilità che possiede e le caratteristiche che esibisce.

Rendete reale, nella vostra mente, questa immagine mentale e fate seguire a questa visione delle azioni reali. La visualizzazione vi aiuterà a rafforzare la convinzione che potete cambiare la vostra vita e a fornirvi più chiarezza sulle scelte che dovete fare per arrivare a destinazione.

EPILOGO

Cinquanta abitudini dopo siamo qui, alla fine del nostro viaggio. Anche se questo libro finisce qui, la vostra storia è appena iniziata. Potete avviarla sulla rotta che preferite.

Spero che non abbiate solo scoperto idee che vi aiuteranno a migliorare la vita, ma che anche le illustrazioni vi siano piaciute, e che vi abbiano ispirato ad agire.

Potreste per favore aiutarmi a diffondere il messaggio sul potere dell'autodisciplina che cambia la vita?

Mostrate questo libro a parenti e amici. Parlate dell'importanza dell'autodisciplina con i vostri figli. Date l'esempio, e cercate di essere migliori in tutti i settori della vostra vita.

Abitudine dopo abitudine, lasciate il vostro segno nel mondo. Dimostrate con i risultati che abbracciare l'autodisciplina paga ed è la chiave per una vita appagante e di successo. Non dimenticate di esprimere gratitudine e di godervi l'infinito processo di crescita personale!

ISCRIVERSI ALLA NEWSLETTER

Se desiderate ricevere aggiornamenti sulle mie nuove pubblicazioni e avere altre informazioni sui miei libri, iscrivetevi alla mia newsletter. Ecco dove:

https://www.profoundselfimprovement.com/itnews

POTRESTE AIUTARMI?

Mi piacerebbe sentire il vostro parere sul mio libro. Nel mondo dell'editoria poche cose sono più preziose di un'onesta recensione da parte di una vasta gamma di lettori.

La vostra recensione aiuterà altri lettori a scoprire se il mio libro fa al caso loro. Mi aiuterà anche a raggiungere più lettori, aumentando la visibilità del mio libro.

Pubblicate la vostra recensione ovunque abbiate acquistato il libro, o condividete le vostre opinioni sul sito di social media che preferite.

CHI È MARTIN MEADOWS

Martin Meadows è un autore di bestseller sullo sviluppo personale, che scrive di autodisciplina e del suo potere di trasformazione per aiutarvi a raggiungere il successo e vivere una vita più appagante. Caratterizzato da un approccio diretto, è lieto di condividere suggerimenti, abitudini e risorse per l'auto-miglioramento, attraverso una combinazione di ricerca supportata dalla scienza ed esperienza personale.

Abbracciare l'autocontrollo ha aiutato Martin a superare un'estrema timidezza, a creare aziende di successo, a imparare più lingue, a diventare un autore di successo e molto altro. È una persona che mette in pratica l'apprendimento permanente, che ama esplorare i limiti della sua zona di comfort attraverso esperimenti e avventure - spesso estreme - che coinvolgono vari sport e luoghi selvaggi o esotici.

Martin usa uno pseudonimo. Lo aiuta a concentrarsi sul servire i lettori attraverso la scrittura, senza le distrazioni che la ricerca di un riconoscimento gli apporterebbe. Non crede nel pubblicizzarsi come esperto infallibile (che non è), optando invece per offrire suggerimenti e soluzioni come compagno sperimentatore di crescita personale, con tutti i fallimenti e i successi associati.

Illustrato da Tamara Antonijevic.

Tradotto da Cinzia Novi.